So lebt Tokio

Der perfekte Reiseführer für einen unvergesslichen Aufenthalt in Tokio - inkl. Insider-Tipps und Tipps zum Geldsparen

Paulina Fenders

✈ INHALT

Das erwartet Sie in diesem Buch

Nicht jeder Reisende hat in Tokio sein Herz gelassen. Als seelenlose Großstadt verschrien, wo Arbeit mehr wiegt als Familie und Freizeit (Gesundheit gar), als Abbild einer Konsumgesellschaft abgestempelt, wo jeder Ablauf koordiniert ist und kein Raum für Individualität bleibt – die Stadt spaltet die Gemüter, vor allem bei Besuchern mit wenig Zeit, aber hohen Erwartungen.

Es stimmt: Die schönsten Erlebnisse in Tokio bieten sich nach einer kurzen Zugfahrt ins Umland, wo idyllische Wanderwege zu auf Bergen thronenden

Schreinen und alt belassene. Holzhaus-gesäumte Dörfer aufwarten. Und aus der Stadt herauszufahren, kann man nur jedem Besucher wärmstens empfehlen. Aber dass sich in Tokio keine authentischen Plätze finden lassen und sich nicht „das echte Japan" erleben lässt, kann niemand behaupten, der sich Zeit genommen hat, die pulsierende Mega-Metropole abseits der überfüllten Stadtzentren zu erkunden, blindlings abzubiegen und sich in kleinen Gassen, am Rande eines Parks oder kleiner Tempeloase zu finden.

Seien Sie nicht enttäuscht von Tokio wie viele andere Reisende. Im Gegenteil: Finden Sie das schöne, das traditionelle, das junge und alte, das spirituelle und aufregende Tokio auf Ihre eigene Weise. Egal, was Sie suchen – in Tokio finden Sie es.

In diesem Buch erwartet Sie keine steife Auflistung aller sehenswerten Ziele mit deren Öffnungszeiten und Preisen. Sicher kennen Sie die meisten bereits aus anderen Quellen und sie sind schnell recherchiert. Vielmehr möchte dieses Buch Ihnen die Reise in die größte Stadt der Welt vereinfachen, und zwar mithilfe praktischer und einfach umsetzbarer Tipps zum Zugfahren in Tokio, zum Verhalten an religiösen Stätten, zur Verständigung mit Japanern, die nur bedingt Englisch sprechen, und Tipps für den kleinen Geldbeutel.

Ausgewählte Ausflugsziele jenseits der Trampelpfade sollen Ihnen helfen, Ihren Trip individuell zu gestalten. Am Ende Ihrer Reise sollen Sie in der Lage sein, zu sagen: „Gut, dass ich das vorher wusste!".

1 Vom Fischerdorf zur Metropole

Tokio. Jeder, ob gewollt oder nicht, hat aus der einen oder anderen Quelle schon irgendeine skurrile Information über diese Stadt vernommen. Die große Kreuzung in Shibuya wird im Fernsehen oft gezeigt, um die Bevölkerungsdichte zu veranschaulichen. Welch kuriose Dinge man im Automaten kaufen oder am Straßenrand essen kann, gepaart mit Bildern der bunt und auffällig gekleideten „Harajuku-Girls" erweckt stets den Eindruck, dass Japaner „irgendwie verrückt" sind. Darstellungen über diese vielfältige Stadt müssen im schmalen TV-Format zwangsläufig einseitig bleiben und spätestens vor einer Japanreise ist dann ein guter Zeitpunkt, sich ein wenig eingehender mit Tokios Aufstieg zur Megastadt zu befassen.

Zunächst ist Tokio nicht gleich Tokio. Zu unterscheiden ist zwischen der Metropolregion, die sich länglich weit in den Westen Japans erstreckt und 37 Millionen Menschen beherbergt, und dem Hauptstadtgebiet, in dem immerhin fast 10 Millionen wohnen. 23 Stadtbezirke setzen jenes innere Stadtgebiet zusammen, jeder mit einer einzigartigen Charakteristik. Kichijoji beispielsweise steht als Hipsterviertel mit seinen quirligen Geschäften, in denen viel Selbstgemachtes verkauft wird, dem highclass Shopping-Distrikt Ginza gegenüber. Shinjuku ist für aufregende Bars und sein berüchtigtes Rotlichtviertel bekannt, während Asakusa für seine Tempel geliebt wird.

Müsste man sich entscheiden, wo man das wahre Zentrum Tokios verortet, dann wäre es wohl Shibuya, das mit seiner Megakreuzung und den unzähligen Geschäften an den New Yorker Time Square erinnert. Hier will jeder mindestens einmal filmen, wie sich im Moment der Ampelschaltung unzählige eilige Füße gleichzeitig in Bewegung setzen. Sogenannte Influencer fotografieren hier für ihre Instagram-Accounts und halten den Verkehr auf, Teenager in Schuluniformen besuchen nach der Schule die Gaminghalls und Männer und Frauen in Bügelfalten und gestärkten Hemden bewegen sich zum oder vom Arbeitsplatz.

Während man sich heute mit tausenden anderen über die Shibuya-Kreuzung schiebt und auf der anderen Seite in engen, von grell leuchtender Außenwerbung und verglasten Häuserfassaden gesäumten Gassen verschwindet, ist es nur noch schwer vorstellbar, dass diese Stadt bis vor 400 Jahren ein kleines, unscheinbares Fischerdorf gewesen sein soll. Tokio hat eine rasante Entwicklung hingelegt, gewann aber erst an Bedeutung, als sich der damalige Shogun (=Militäranführer) Tokugawa Ieyasu 1603 in dem damals noch kleinen Dörfchen Edo niederließ und es sich zum Zentrum des über zweihundert Jahre andauernden Tokugawa-Shogunats entwickelte.

Die Hauptstadt Japans, die im Laufe der Jahre stets gemeinsam mit dem Kaiser wechselte, war zu diesem Zeitpunkt noch das im Westen liegende heutige Kyoto. Hier hatte der Kaiser seine Residenz, die er aufgrund eines von Tokugawa erlassenen Hofgesetzes nicht verlassen durfte. Eine weitere Strategie Ieyasus sorgte für die wachsende Macht seines Shogunats, denn er fürchtete, die ihm eigentlich untertänigen Feudalherren könnten sich zusammenschließen und ihm militärischen Widerstand leisten. Zugute kam ihm die Gesetzesregelung eines Vorgängers, die jene Daimyo verpflichtete, dem Shogun regelmäßig ihre Aufwartung in der Hauptstadt zu machen, wofür sie aufwendige und teure Reisen unternehmen mussten.

Diese die Daimyo finanziell schwächende Maßnahme und andere Beschlüsse, wie etwa das Verbot, Bündnisse zu schließen oder eigenes Geld zu schlagen, trugen weiter zur Vorherrschaft des Shoguns bei. Eine militärische Gegenoffensive war nicht mehr zu befürchten und der Kaiser war zu rein symbolischer Macht im goldenen Käfig gefangen. Unter dieser stabilen Herrschaft florierte Edo zu einer Wirtschaftsmetropole mit ausgeklügeltem Steuersystem und innerer Stabilität.

Aufstände christlicher Bauern und die Furcht des Shogunats vor schädlichen Einflüssen aus dem Ausland sorgten schließlich für eine Reihe von Edikten, die letztlich eine vollständige Abschließung Japans zur Folge hatte. Zweihundert Jahre lang durften Japaner das Land nicht verlassen; Handel fand ausschließlich mit chinesischen und holländischen Kaufleuten statt, bis schließlich, zweihundert Jahre später, beginnend mit der Ankunft einer amerikanischen Kriegsflotte, sich das finanziell und durch Aufstände geschwächte Tokugawa-Shogunat den ausländischen Ausflüssen ergeben musste. Der Untergang der Tokugawa-Regierung ließ es zu, dass viele Daimyos dem Kaiser wieder Macht zusprachen. Die kaiserliche Residenz wurde nach Edo verlegt, die Stadt in die „östliche Hauptstadt" (*To* = Osten; *Kyo*=Hauptstadt) umbenannt.

Seit der Ernennung zur Hauptstadt musste Tokio einiges wegstecken. Das große Kanto-Erdbeben 1923, dessen Tsunami und Brände tausende Menschenleben kostete, und danach die Bombardierung Tokios im Zweiten Weltkrieg forderten stetigen Wiederaufbau und Modernisierung.

Das Kanto-Beben war vor allem aufgrund der vielen Holzkonstruktionen verheerend. Heute ist die Stadt in Sachen Katastrophenmanagement weit besser aufgestellt. Ein Beispiel: die verlässliche 17-Uhr-Melodie. Sind Sie schon in Tokio gewesen, ist es Ihnen vielleicht schon aufgefallen. Planen Sie noch Ihre Reise, dann hören Sie mal genau hin:

Jeden Tag um Punkt 17 Uhr erklingt aus allen Lautsprechern in der Nachbarschaft die Melodie eines alten

Kinderliedes. Zum einen wird draußen spielenden Kindern auf diese Weise signalisiert, dass es Zeit ist, den Heimweg anzutreten, zum anderen werden so täglich die Lautsprecher für den möglichen Katastrophenfall getestet, um bei einem Erdbeben oder Tsunami die Bevölkerung warnen zu können.

In den Knochen steckt der Stadt auch noch der Giftgasanschlag 1995, bei dem die Endzeitsekte Aum Shinrikyo mit einer Sarin-Attacke auf die Tokioter U-Bahn 14 Menschen tötete und über 5000 verletzte (ein Grund übrigens, warum Sie in Tokio fast keine Mülleimer sehen). Mittels Augenzeugenberichten arbeitete der Schriftsteller Haruki Murakami das Thema in seinem Buch „Untergrundkrieg" auf – eine lesenswerte Lektüre für jene, die mehr über diesen schicksalshaften Tag aus erster Hand erfahren möchten.

Für Geschichtsinteressierte lohnt sich ein Besuch des Edo-Tokio-Museums im Stadtteil Sumida. Vor allem die liebevoll gestaltete Miniaturdarstellung der Stadt, die das bunte Treiben geschäftiger Händler, feiner Geishas und Bauern in ihrem Alltag zeigt, gibt eine bessere Vorstellung vom Leben in Tokio vor der Industrialisierung, als Bücher es könnten. Der Eintritt ist mit 600 Yen erschwinglich und nimmt Sie auf zwei Etagen mit auf eine Zeitreise durch die Stadt. Ein weiterer Grund, das Museum mitzunehmen: Die Sumo-Halle (*Ryōgoku Kokugikan*), in der im Januar, Mai und September Sumo-Turniere stattfinden, ist direkt nebenan. Mit etwas Glück sehen Sie in der Umgebung einige Sumo-Kämpfer bei ihren täglichen Wegen und Interessierte können ein Sumo-Museum in der Halle kostenlos besuchen.

2 Wann fahren?

In Japan spielen die Jahreszeiten eine sehr große Rolle. Jede Jahreszeit kommt mit den eigenen Spezialitäten, Blumen, Merchandise sogar! Man kann fühlen, wie aufgeregt Japaner zur Kirschblütenzeit sind (man kann es auch sehen, denn schlagartig ist jedes Dessert, jeder Starbucksbecher, jedes Schild rosa). Genauso lässt man sich vom Sommergefühl anstecken, wenn man in Chiba am Flussufer sitzt, die alljährlichen *hanabi-taikai* (Feuerwerkswettbewerbe) schaut und eingelegte Gurke am Stiel isst. Touristen haben aber bekanntlich nicht so viel Zeit und tun sich oft schwer bei der Frage nach dem besten Zeitpunkt, um das Land zu besuchen. Eine allgemeine Aussage („Fahr zur

Kirschblütenzeit, das ist schön.") würde nicht nur viel zu kurz greifen, sondern wäre gar fahrlässig, bedenkt man, dass abhängig von geplanten Aktivitäten und der eigenen Wetterpräferenz (fast) jeder Monat mit einer saisonalen Besonderheit irgendeiner Art aufwarten kann. Eine Übersicht japanischer Feiertage, die Sie in jedem anderen Reiseführer (und online) finden können, soll Ihnen hier erspart bleiben. Bei der Entscheidungsfindung wird es Ihnen wenig helfen. Gestatten Sie stattdessen die folgende Darstellung eines „gefühlten Jahres" in Japan:

Januar/Februar: Nebensaison. Kalt, aber wenig Schnee (Ausnahmen bestätigen die Regel). Die ersten drei Tage des neuen Jahres sind Feiertage, denn das Neujahr wird im Kreise der Familie gefeiert. Machen Ihnen Kälte, Matsch und Regen nichts aus, ist der Jahresanfang eine gute Zeit für die Reise nach Japan. Die Temperaturen sind milder als im deutschen Winter. Historische Orte wie das UNESCO-Weltkulturerbe Shirakawa-Go in Gifu (bekannt aufgrund des historischen Baustils der Häuser) begeistern vor allem im Winter durch eingeschneite Dächer und warme Lichter in der Ferne. Schneesport wie Snowboarden und Skifahren sind im Norden Japans möglich.

März/April: Hochsaison. Frühjahr und Kirschblüten-zeit. Das Wetter ist sommerlich, die Stimmung super. Jeder ist aufgeregt, wann in diesem Jahr die *mankai*, die volle Blüte der Kirschblütenbäume, stattfindet. Im besten Fall können Sie mit hunderten anderen im Park sitzen, die umherwirbelnden Blütenblätter bestaunen und Ihrem Instagram-Account mit Bildern vor einem Kirschblütenbaum den allerletzten Schliff geben.

Mai: Hauptsaison. Anfang Mai, auch bekannt unter „Die Goldene Woche" ist die Hauptreisezeit für Japa-ner. Da Sie sich offenbar mit dem Gedanken einer Ja-panreise beschäftigen, wissen Sie sicher, dass Urlaub für japanische Angestellte ein seltenes Gut darstellt. Eine Reihe aufeinanderfolgende Feiertage sorgt An-fang Mai jedoch bei den meisten Arbeitnehmern für die einzige freie Woche im ganzen Jahr. In der Konse-quenz würden Sie zu dieser Zeit nicht nur mit vielen anderen ausländischen Touristen um Shinkansen-plätze und bezahlbare Hotelzimmer kämpfen, sondern auch mit vielen Japanern, die ebenfalls den Urlaub im eigenen Land wertschätzen. Empfehlenswert ist, diese riesige Reisewelle abzuwarten und einen Trip nach To-kio in die Mitte oder ans Ende des Monats zu legen.

Juni/Juli: Nebensaison. Regenzeit. Es regnet häufig und ist schwül. Für Leute mit einer Abneigung gegen tropische Temperaturen nur bedingt zu empfehlen, zu mühselig sind lange Fußmärsche und der andauernde Regen. Für Wetterfeste und Geldbewusste kann es dennoch eine gute Wahl sein. Die Nebensaison sorgt für moderate Preise für Flug und Hotel und das häufig schlechte Wetter kommt im Tausch mit in allen Farben blühenden Hortensien. Nicht zuletzt bedeutet Regenzeit nicht zwangsläufig Bindfäden zu jeder Stunde des Tages. Die Regenzeit entbehrt der bunten Aufgeregtheit der Kirschblütenzeit und bringt dafür Ruhe, Melancholie und ruhige Abende unter dem „saaa-saaa" des Regens.

Das Ende der Regenzeit läutet den Hochsommer in Japan ein. Ende Juli könnten Sie die einzigartige Feuerwerks-Saison miterleben. Bis in den August hinein können Sie, zusammen mit tausenden anderen, Augenzeuge atemberaubender Feuerwerkswettbewerbe werden. Selten werden Sie die Möglichkeit haben, so viele Japanerinnen im traditionellen Yukata zu sehen, Gurke am Stiel oder geraspeltes Eis mit Sirup zu essen und den Sommer wirklich im Herzen zu fühlen.

August: Nebensaison. Tropische Schwüle bei brütender Hitze bis 40 Grad. Für Tokios überfüllte, enge Geschäfte und lange Fußwege kaum zu empfehlen.

September–November: Nebensaison. Der September

ist immer noch warm und schwül, jedoch ohne die quälende Hitze des Augusts. Es gibt viele Taifune bis in den Oktober hinein, die mit Pech Ihre Reise- und Ausflugspläne beeinflussen können. Wunderschöne Herbstfärbungen, vor allem, wenn man aus Tokio rausfährt, können das aufwiegen!

Dezember: Nebensaison. Auch der Dezember wartet üblicherweise mit milden Temperaturen und wenig Schnee auf. Beschließen Sie, gegen Ende des Jahres nach Japan zu fahren, werden Sie mit tollen Beleuchtungsspektakeln in den meisten Parks belohnt – ein sehr beliebter Ort für Dates (in Tokio zum Beispiel im Caretta Shiodome; ein Einkaufszentrum im Stadtteil Shiodome, das bezüglich der Beleuchtung dem Rockefeller Center in New York Konkurrenz macht).

Da Weihnachten in Japan kein Fest mit langer Tradition ist und üblicherweise mit Partner oder Partnerin statt der Familie gefeiert wird, müssen Sie keine Feiertagsöffnungszeiten befürchten. Alles ist offen und Sie können den festlichen Trubel genießen. Anders sieht es zu Neujahr aus, welches durchaus ein Familienfest darstellt. Da haben Sie die Stadt zwar für sich (selten für Tokio), die Öffnungszeiten Ihrer Attraktionen sollten Sie jedoch vorab recherchieren, da viele Inhaber und Mitarbeiter an *omisoka* (Silvester) in die Heimat zu ihren Familien fahren.

3 Was mitnehmen?

Es ist unwahrscheinlich, dass ein Trip nach Japan Ihr erster Urlaub ist und jeder, der einen Urlaub in Tokio plant, hat schon einmal den einen oder anderen Koffer gepackt. Dazu kommt, dass Tokio eine hochmoderne internationale Großstadt ist; es gibt fast nichts, was Sie dort nicht kaufen können. In diesem Sinne erübrigt sich eine detaillierte Packliste, die sich notfalls auch auf jedem Reiseblog findet. Konzentrieren wir uns in aller Kürze auf ein paar Dinge, die wirklich sinnvoll sind. Mit großer Sicherheit sind Sie nach Ihrer Reise in der Lage, diese Liste zum Vorteil zukünftiger Japanreisender zu erweitern:

Medikamente: In Tokio finden Sie gut sortierte Apotheken, die für jedes Leiden eine Lösung parat haben. Vorausgesetzt natürlich, Sie können Ihre Beschwerden auf Japanisch vortragen oder die japanischen Packungen lesen. Da japanische Apotheken unter Umständen nicht Ihre gewohnte Marke von Kopfschmerztabletten oder Ähnlichem führen, ist es ratsam, jene aus Deutschland mitzubringen. Reisen Sie im Hochsommer nach Japan, kann Magnesiumpulver vor Schwindel und Erschöpfung schützen.

Make-up: Bei Foundation und Puder hat man in Japan oft das Pech, nur sehr helle Hauttöne zu finden. Bekannte Marken sind zudem recht teuer. Hat man dennoch den Kajal oder Lidschatten vergessen, kann man sich für wenig Geld im 100-Yen-Shop eindecken. Im Vergleich mit unseren heimischen 1-Euro-Läden ist die Qualität sehr gut, wenn Sie vielleicht auch nicht an ihre heimische Marke herankommt.

Kleidung/Schuhe: Man sollte sich nicht darauf verlassen, in Japan ein geeignetes Paar Schuhe zu finden. Nehmen Sie zudem unbedingt bequeme Schuhe mit, denn in Tokio werden Sie immens viel laufen. Auch, wenn Sie sich vorrangig mit der U-Bahn fortbewegen und damit in jeden Winkel der Stadt kommen: Die Bahnstationen selbst sind mitunter riesig – vom Gleis bis zum Ausgang kann es unter Umständen ein kleiner Fußmarsch sein. Hilft alles nichts und haben Ihre deutschen Treter in Tokio den Geist aufgegeben, finden Sie unter Umständen nur in internationalen Geschäften neue in Ihrer Größe.

mai baggu **(My Bag):** Bis Juli 2020 war es noch üblich, dass man an jedem Kiosk, jedem Supermarkt, eigentlich jeder erdenklichen Kasse seine Waren vom Mitarbeiter in eine Plastiktüte verpackt bekommen hat. Mehr noch: Das Verpacken unterliegt einem strukturierten System mit dem Ziel, Lebensmittel oder Kleidung optimal zu schützen und so wird Tiefgekühltes in eine separate Tüte gepackt – im Bekleidungsgeschäft gilt Gleiches für Unterwäsche und Schuhe.

Die Plastikmassen sind Umweltaktivisten schon lange ein Dorn im Auge und auch Sie – aus dem im Vergleich sehr verpackungsbewussten Deutschland kommend – werden mit großen Augen (und vielleicht etwas Abneigung) feststellen, dass in Japan alles, aber auch alles in Extratüten kommt. Nach langer Diskussion wurden die kostenlosen Tüten an der Kasse von Seven-Elevens und anderen Convenience Stores endlich kostenpflichtig gemacht. Zwar werden 5 oder 3 Yen pro Beutel kaum ein Loch in Ihre Urlaubskasse reißen, trotzdem: Tun Sie der Umwelt einen Gefallen und führen Sie eine Tasche mit. Trauen Sie sich, in Geschäften, in denen die kostenlose Tasche noch zum Inventar gehört, dem die Plastiktüte zückenden Mitarbeiter zu sagen *„Baggu arimasu"* (Ich habe einen Beutel). Der Mitarbeiter oder die Mitarbeiter wird (obwohl aus der Routine gerissen) Ihnen diesen mit Freude abnehmen und Ihre Waren dort sorgfältig verpacken.

Kontaktlinsenlösung: Tragen Sie Kontaktlinsen, sollten Sie sich sicherheitshalber eine große Flasche Ihrer gewöhnten Lösung selbst mitbringen. Kontaktlinsenlösung renommierter Marken (ReNu) können Sie auch in Tokio kaufen, jedoch nicht im Supermarkt oder Konbini (obwohl man dort fast alles bekommt). Sie müssten dann ins japanische Äquivalent für unsere heimischen Drogerien (Matsumoto Kiyoshi) und dort eine Weile suchen oder jemanden fragen (fragen Sie nach: *Kontakuto rensu eki*). Das können Sie sich aber ersparen, indem Sie es selbst mitbringen.

4 Zug fahren in Tokio

Die berühmt-berüchtigte Rushhour. Sehr sicher haben Sie schon Bilder gesehen oder Gerüchte gehört. Da wird von überfüllten Bahnsteigen, ebenso vollen Zügen und viel Körperkontakt aufgrund von Platzmangel berichtet. Hunderte dicht gedrängte, einheitlich gekleidete Businessmänner- und Frauen (dazwischen ein paar berucksackte und sandalierte Touristen), die bei Öffnen der Türen in den Zug strömen. Teilweise wird gar von einem Angestellten nachgeholfen und der letzte Jackenzipfel zwischen die Türblätter gedrückt.

Das Zugsystem in Japan ist hervorragend ausgebaut und hocheffizient. Es ist das Verkehrsmittel, mit dem white-collar-Arbeiter aus den entlegeneren Vorstädten ins Stadtzentrum zur Firma fahren und das jeden Tag tausende Schüler, Universitätsstudenten und Besucher schnell, sicher und strukturiert transportiert. Die Bilder von Menschenmassen, die sie an den Hauptumsteigebahnhöfen in Tokio sehen, sind mit keinem Bahnhof in Deutschland zu vergleichen. Hinzu kommt in der Zeit von Juni bis September die hohe Luftfeuchtigkeit, die dem nicht angepassten Körper zusetzen kann, sodass Panikgefühle und Ohnmachtsanfälle für Touristen während der Tokioter Rushhour keine Seltenheit sind.

Als Tourist wird Ihnen in den meisten Fällen möglich sein, die Rushhour (8–9 Uhr morgen und ab 17 Uhr) zu umgehen. Sind Sie dennoch auf Züge zu dieser ungeliebten Zeit angewiesen, können Sie mit den folgenden Hinweisen Ihr Verhalten im Zug und Bahnhof anpassen und etwas entspannter fahren.

1. Vor der Fahrt: Streckeninfos einholen.

Japaner benutzen mit Vorliebe die App "Hyperdia", die in übersichtlichem Design über Bahnlinie und Preise in ganz Japan informiert und dabei sogar Shinkansen und Flugzeug einbezieht. Unter den Offline-Apps hat „Tokio Subway Navigation" das beste Handling.

2. Vor der Fahrt: Bahnhof ist nicht gleich Bahnhof.

Es gibt eine Vielzahl unterschiedlicher Bahngesellschaften in Tokio. Staatliche (Tokio Metro, JR ...) und private (Keio, Odakyu, Tokyu, Monorail ...). Nicht nur, dass die Züge zum Teil auf eigenen Strecken fahren – die Linien sind auch nicht zwangsweise im gleichen Gebäude untergebracht. Sagt Ihnen Ihre App beispielsweise, dass Sie am Shinjuku-Bahnhof von JR zu Odakyu umsteigen sollen, sollten Sie dafür Zeit einplanen oder gleich jemanden fragen (*„Odakyu Rain/JR Rain ... wa doko desuka?"*). Der Bahnhof Shinjuku ist so chaotisch, dass sich sogar die Satire-Webseite *The Rising Wasabi* darüber lustig machte („Schlagzeile: Mann überlebt 78 Tage dank wilder Beeren auf der Suche nach dem Ausgang 27K am Bahnhof Shinjuku").

3. Im Bahnhof: Pasmo oder Suica kaufen (alle

ohne Rail Pass).

Dass Japaner am Bahnhof ein Ticket kaufen, werden Sie selten sehen. Fast jeder nutzt die Prepaid-Fahrkarte, die Sie bei Reiseantritt mit dem gewünschten Betrag aufladen können. Sie entspannt das Zugfahren ungemein, da der Fahrpreis beim Verlassen des Bahnhofs (beim Auschecken an den elektronischen Ticketschranken) automatisch abgebucht wird. Dafür müssen Sie nicht wie viele andere Besucher jedes Mal panisch an der Schranke stehen und die Karte aus dem Portemonnaie wühlen, während Sie den Verkehr aufhalten. Das ganze Portemonnaie auf den Scanner zu legen, reicht meistens völlig, einige Japaner halten gar die komplette Handtasche dran. Blinkt es rot und die Schranke öffnet sich nicht, dann entweder, weil das Guthaben nicht ausreicht oder weil Sie innerhalb des Bahnhofs einen falschen Ausgang genommen haben (zum Beispiel versehentlich in den Bereich einer anderen Bahngesellschaft gewandert sind). Das passiert in Tokio häufig aufgrund des für uns ungewohnten Systems. In jedem Bahnhof finden Sie an der Schranke ein Glashäuschen mit einem Bahnangestellten, zu dem Sie jederzeit gehen können und der Ihre Karte problemlos zurücksetzt. Die Prepaid-Karten können Sie am Automaten kaufen und auch dort aufladen. Sie können damit außerdem kontaktlos kleinere Einkäufe bezahlen.

4. Am Bahnsteig: Bummel- oder Schnellzug.

Unterschiedliche Arten von Zügen bringen Sie in Tokio unterschiedlich schnell ans Ziel. Schauen Sie sich an der elektronischen Anzeige an, welche Art von Zug kommt. Steht dort 各駅停車 oder „Local Train", müssen Sie mit einer längeren Fahrtzeit rechnen, da er an jedem Bahnhof Halt macht, während Sie mit dem 急行 ("Express") schneller ans Ziel kommen. Preislich nehmen sich beide Zugtypen übrigens nichts. Die Züge in der Innenstadt fahren in so engen Intervallen, dass viele Einheimische lieber auf die schnellere Bahn warten und den Local Train passieren lassen. In der Folge ist der langsame Zug oft etwas leerer und Sie können mit Glück einen Sitzplatz ergattern.

5. Volle Züge I: Rückwärts einsteigen.

Sollten Sie es einmal nicht schaffen, die Rushhour zu umgehen, und Sie müssen in einen *mannin densha* (voll besetzten Zug) einsteigen, machen Sie es wie die Japaner: Ist der Zug im Türbereich bereits sehr voll, steigen Sie rückwärts ein (Po zuerst). Zum einen können Sie dann sehen, wie viele Leute noch einsteigen und werden nicht „blind" ins Zuginnere gedrückt, zum anderen ermöglicht es Ihnen, die Fahrgäste hinter Ihnen mit Ihrem Rucksack etwas zurückzudrängen, ohne Sie direkt anzusehen.

6. Volle Züge II: Seien Sie der Fels in der Brandung.

Steigen Sie ein (Po zuerst), halten Sie sich an den Hängegriffen fest und suchen Sie sich während der Fahrt einen festen Stand. In der Tokioter Rushhour gehören beide Füße fest auf den Boden. Lassen Sie sich nicht wegdrängen, sodass Sie nur noch mit einem Fuß fest aufstehen. Haben Sie eine lange Fahrt vor sich und einen schwachen Kreislauf, ist sonst Ärger vorprogrammiert. Lassen Sie aber natürlich Leute aus- und einsteigen.

7. Volle Züge III: Drängeln ist erlaubt.

Sie stehen im überfüllten Zug. Ihr Zielbahnhof wird angesagt, aber vor Ihnen steht dicht an dicht gedrängt eine Menschentraube. Überdenken Sie nichts. Quetschen Sie sich beherzt durch. Das ist normal und in Japan wird man es Ihnen nicht krummnehmen. Ein leises *sumimasen* (Entschuldigung), wenn Sie jemandem den

Ellbogen in die Seite rammen, sollte aber drin sein und wird bei dem Betroffenen nicht den Eindruck eines ungehobelten *gaijin* (Ausländers) hinterlassen.

Zusammenfassend ist Zugfahren in Tokio praktisch, sauber und sehr pünktlich. Das hohe Passagieraufkommen in der Innenstadt hat zu einem der am besten strukturierten Nahverkehrssysteme der Welt geführt, das wie ein Uhrwerk funktioniert, weil sich alle Beteiligten an gewisse Regeln halten. Die Effizienz kommt im Gegenzug zu einigen Hindernissen wie Orientierungslosigkeit und Engegefühlen im Zug. Mit ein paar Tipps und etwas Gewöhnung werden Sie aber bald ein Pro und machen es wie die Einheimischen: im überfüllten Zug, ungeachtet der Massen, den niedrig hängenden Haltegriff fassen, den Kopf in die Armbeuge legen und entspannt dösen.

5 Tokio mit dem Gaumen erkunden

5.1 RESTAURANT-EMPFEHLUNGEN FÜR ALLESESSER UND -PROBIERER

Nach einem langen Tag mit dem Besuch von Tempeln, Shoppingmeilen und Museen sollten Sie am Abend in einem der urigen Izakayas einkehren, die man meistens einfach an einer rot leuchtenden Laterne erkennen kann. Diese Pendants zu unseren heimischen Kneipen werden auch oft als japanische Tapas-Bar bezeichnet, da hier neben Bier, Sake und allerlei süßen Cocktails üblicherweise auch Speisen in kleinen Portionen bestellt werden. Besonders beliebt zu einem kalten Bier sind Edamame (gekochte, ungereifte Sojabohnen), Yakitori (Grill-spieße), Tsukemono (eingelegtes Gemüse) und Ka-raage (in Öl gebratenes Huhn). Vegetarier finden im Izakaya eine Vielzahl fleischloser Optionen. Fast jedes Izakaya bietet irgendeine Form von *Nomihoudai* an, eine All-you-can-drink-Aktion, bei der man 90 Minu-ten lang nach Lust und Laune bestellen kann. Preise beginnen bei 10 € und variieren stark.

Tabehoudai (All you can eat) ist ebenfalls beliebt und bietet sich für Leute mit großem Hunger, aber klei-nem Geldbeutel an. Aktionen gibt es auch in Izakayas, für Naschkatzen gibt es bei der Kette SweetsParadise sogar ein Kuchen-all-you-can-eat.

Für alle, die gern etwas Neues probieren, bietet Tokio unzählige Themenrestaurants und -cafés. Die Hingabe, mit der die Läden gestaltet und die Gerichte kreiert wurden, rechtfertigen meistens die üppigen Preise für dieses Erlebnis. Die Qualität des Essens schwankt oft von toll bis durchschnittlich, dafür ist der Unterhaltungsfaktor im Alice-im-Wunderland-Café oder beklemmenden Gefängnisrestaurant stets gege-ben. Ein Izakaya mit historischem Flair, das ge-schmacklich und dekorativ seinem Preis gerecht wird, ist das Senkoku Buyuden in Shinjuku, in dem Samurai-

Rüstungen die Korridore zieren.

5.2 HINWEISE FÜR VEGETARIER UND VEGANER

Auch, wenn es in den letzten Jahren wesentlich einfacher geworden ist, als Vegetarier in Tokio zu leben, ist man trotzdem noch oft darauf angewiesen, selbst zu kochen oder im Restaurant mit dem Koch eine fleischlose Alternative auszuhandeln. Die beiden ersten Optionen setzen entweder eine eigene Küche und viel Zeit oder gute Japanisch-Kenntnisse voraus und so bleibt vielen Touristen, die sich vegetarisch oder vegan ernähren, leider oft nichts anderes übrig, als sich entweder mit ungesunden Beilagen wie Pommes oder süßen Snacks aus dem Seven Eleven zu begnügen.

Dabei sollte man meinen, in Japan müssten es Vegetarier sehr einfach haben, schließlich ist es doch ein Land, das wesentlich vom Buddhismus geprägt ist. Allerdings ist nach der Landesöffnung in Japan auch der Fleischkonsum angestiegen und von den Speisekarten heute nicht mehr wegzudenken. Und so erscheinen Gerichte auf der Menükarte im Restaurant oft vegetarisch, sind es aber eigentlich nicht. Die Aussage „vegetable noodles" beispielsweise bedeutet oft einfach nur, dass viel Gemüse dabei ist, während in der Soße Schinken verarbeitet wurde oder das Gericht mit den beliebten Thunfischflocken verfeinert wurde. Auch Gerichte, die optisch vegetarisch aussehen, sind oft auf Basis von Fischbrühe hergestellt.

Tipp: Merken Sie sich vorab, wie Sie nach den Inhaltsstoffen fragen können. Dafür müssen Sie nur zwei Dinge lernen, nämlich 1: die Wörter für Fleisch (*niku*), Fisch (*sakana*) oder Fischbrühe (*dashi*). Und 2: die einfache grammatische Struktur, um zu fragen „ist [...] da drin?" (... *ga haitte imasuka?*).

Also: „*Niku/Sakana/Dashi/... ga haitte imasuka?*"

Die Antwort wird entweder gekreuzte Arme und der Satz „*Iie, haitte naindesu.*" („Nein, ist es nicht") oder das bejahende „*haitte imasu*" sein.

Rein vegetarische oder Vegetarier-freundliche Restaurants finden Sie in jedem Stadtteil über die App „Happy Cow". Wer in einer gemischten Gruppe unterwegs ist, dem kann das Soranso Ebisu im Stadtteil Ebisu ans Herz gelegt werden. Es ist ein auf Tofu-Gerichte spezialisiertes Restaurant der etwas höheren Preisklasse. Dafür bietet es vegetarische und nicht vegetarische

Optionen. Ein besonderes Erlebnis ist der Sorano Tofu. Hier bekommen Sie einen Behälter aus frischer Sojamilch, der Hitze ausgesetzt wird, und Sie können zusehen, wie ein fester Tofu entsteht, der geschmacklich mit dem handelsüblichen Tofu in Deutschland nichts zu tun hat.

Wer bei knurrendem Magen nicht lange suchen und in Spezialrestaurants sein Geld lassen möchte, kann nach den folgenden Restaurantketten Ausschau halten, bei denen Sie fast immer vegetarische Optionen finden:

• **Thalya (ターリー屋)**: Eine indische Restaurantkette mit günstigem Mittagsmenü und Filialen in fast jedem Stadtteil.

• **Coco Ichiban (CoCo 壱番屋)**: Eine sehr beliebte Kette für japanisches Curry, das mittlerweile auch vegetarische Currys für wenig Geld anbietet. Das gelbbraune Schild sehen Sie an fast jeder Straßenecke.

• **Saizeriya**: Ein Familienrestaurant mit „westlicher" Küche (bzw. eine japanische Vorstellung davon), das für wenig Geld pro einzelner Portion für jeden etwas bietet. Ein beliebter Ort für die Lunchpause vieler Schüler und Angestellter sowie ausgehungerter Touristen.

6 Ausflugsziele in und um Tokio

6.1 DIE METROPOLE ERLEBEN

In Tokio gibt es viel zu sehen. Am besten erfährt man die Stadt, indem man sich ein wenig treiben lässt. Machen Sie sich keine Tagespläne, in denen Sie Ihren Aufenthalt strikt durchstrukturieren und bei denen Sie von Stadtteil zu Stadtteil springen, um Sehenswürdigkeiten abzuklappern (es sei denn, Sie haben nur wenige Tage Zeit und wollen wirklich nichts verpassen). Schöner ist es, in einem Stadtteil anzufangen und die umliegenden Bezirke zu Fuß zu erkunden. Sie finden in Tokio immer irgendetwas Interessantes auf dem Weg, sei es ein schmucker Schrein, ein uriges

Restaurant oder ein Geschäft, das Ihnen kein Reiseführer hätte empfehlen können. Was Sie finden, wenn Sie einfach mal drauflos wandern, können Sie in folgendem Beispiel lesen.

Alt und neu

Sie kommen in Tokio an und wissen noch nichts mit sich anzufangen, Sie wollen sich aber erst einmal ins Getümmel stürzen und dieses angeblich so abgedrehte Tokio erfahren. Dann wäre ein Trip ins hippe Stadtviertel Harajuku eine gute Wahl. Harajuku ist ein faszinierender Ort und vereint Moderne und Tradition, Trubel und Ruhe gleichermaßen. Geht man von der Station aus geradeaus über die Straße, kommt man an die Takeshita-dori, eine gnadenlos überfüllte Einkaufsstraße. Menschenmassen schieben sich in zwei Reihen von Geschäft zu Geschäft und in jedem der maximal zweistöckigen Gebäude gibt es etwas anderes.

Blinkende, blitzende Pailettentaschen etwa, Lolita-Kleider in allen erdenklichen Pastellfarben – daneben ein nach Patschuli riechendes Geschäft mit Nietenstiefeln- und Gürteln und anderen Stücken, die Gothherzen höherschlagen lassen. Dem Betrachter wird schnell klar: Diese Straße ist für junge Leute, für Jugendkulturen, Individualisten und Leute ohne Platzangst. Man muss sich mal durch die Massen gedrängt haben, an einem der Stände eine gigantische hellblaue Zuckerwatte gekauft haben und am Ende der Straße insgeheim froh gewesen sein, dass es vorbei ist.

Harajuku lädt auf jeden Fall zum Shoppen ein. Wenn Sie wieder an der Station herauskommen, kann es jedoch gut sein, dass Sie Sehnsucht nach etwas Idylle und Ruhe entwickelt haben. Dann ist es Zeit, zum Meiji-Schrein zu spazieren: Geht man nicht auf die Station zu, sondern links daran vorbei, sieht man einen kleinen Parkplatz und, diesen überquert, plötzlich eine ganz anderes Besucherklientel.

Soloreisende, Kamera-zückende Rucksacktouristen, Familien, ältere Leute. Man geht weiter und erblickt ein riesiges hölzernes Torii – das erste Tor von vielen auf dem Weg zum Schrein. Für gewöhnlich sieht man einige Japaner und Japanerinnen, die sich vor dem großen Torbogen verbeugen – ein Zeichen des Respekts, schließlich betritt man jetzt eine andere, spirituelle Welt. Der Weg bis zum Schrein ist ein langer Spazierweg durch ein kleines Waldstück. Die Geräusche, Gerüche und Gefühle könnten zu der Takeshita-dori nicht unterschiedlicher sein. Statt schnatternder Men-

schenmassen hört man Vogelzwitschern, Kiesknir-
schen unter den Schuhen und entferntes Blätterra-
scheln. Statt dem Geruch süßen Streetfoods ist nur die
Frische des Waldes zu riechen und statt Beengtheit
macht sich eine Ruhe in der Brust breit, während man
mit vielen anderen in Schweigen auf den Schrein zu-
geht.

Das richtige Verhalten im oder am Schrein
In Tokio ist man an Touristen gewöhnt, auch in religiösen Stätten. Trotzdem sollte man sich dort ruhig und
respektvoll verhalten.
Auf dem ganzen Gelände darf munter fotografiert werden, jedoch nicht am Hauptschrein (dort, wo die Leute
beten und ihre Opfergabe in die Münzbox werfen).

Die Chancen, dass Sie eine Weihung oder ein traditionell gekleidetes Hochzeitspaar sehen, stehen am Meiji-
Tempel sehr gut, aber auch ohne ist er mit seinem großen Areal und der harmonischen Architektur ein schöner Platz zum Verweilen. Vom Meiji-Tempel aus kann
man im Anschluss bis nach Shibuya spazieren, sich mal
mit tausend anderen über die Kreuzung schieben und
sich in den Geschäften verlieren.

Nicht verpassen sollte man in Tokio:

Odaiba: Der Vergnügungsbezirk befindet sich auf einer künstlichen Insel in der Tokio-Bucht und bietet alle Möglichkeiten, um einen Tag auszufüllen. Madame Tussauds finden Sie hier sowie den Indoor-Vergnügungspark Joypolis. Die restliche Zeit kann im Oedo-Onsen-Monogatari verbringen, einem Thermalbad im Edo-Flair. Es ist seine 18 € Eintritt wert und toll aufbereitet, wenn auch sehr überfüllt. Im geliehenen Yukata kann man zahlreiche traditionell möblierte und dekorierte Räume erkunden und im Außen- und Innenbad entspannen. Sie können den Tag aber ebenso am künstlichen Strand verbringen, an der Strandpromenade Getränke kaufen und die farbenfrohe Rainbow Bridge bewundern.

Karaoke: Karaoke ist in jedem Stadtteil möglich und es wird Ihnen nicht an Optionen mangeln. Die großen Ketten findet man überall: Big Echo, Karaoke-kan („カラオケ館") und Manekineko. Die Preise variieren stark nach Tageszeit, es lohnt sich also, zu etwas unbeliebteren Zeiten (morgens oder mittags) hinzugehen. Nachteulen können von den Free-Time-Angeboten profitieren: Hier zahlen Sie einen festen Betrag von 10–15 € (je nach Kette) und können zwischen 23 und 5 Uhr morgens die ganze Nacht trällern!

Tokio Disneyland und/oder Tokio DisneySea: Der Besuch in Tokios beliebtesten Vergnügungsparks steht bei vielen Besuchern auf dem Programm. Die meisten Touristen werden sich allerdings entscheiden müssen, für welchen der zwei Parks sie die 65 € Eintritt aufbringen. Während sich das kinderfreundliche Disneyland vornehmlich an Familien richtet, bietet das DisneySea aufregendere Achterbahnen (und sogar Bierverkauf) für eine ältere Zielgruppe.

Ein Matsuri sehen! Irgendwo gibt es immer eines – ein japanisches Volksfestival oder *matsuri*, bei dessen Paraden Sie Zeuge unbändiger Energie werden können, wenn die Männer und Frauen mit rhythmischen Rufen und Gesängen tragbare Schreine an Ihnen vorbei transportieren.

6.2 GENUG VOM GROSSTADTTRUBEL – TAGESTRIPS INS UMLAND

Je nach Länge Ihrer Reise werden Sie die Möglichkeit haben, mehr oder weniger von Japan zu sehen. Vielleicht planen Sie eine mehrwöchige oder mehrmonatige Reise durch ganz Japan mit dem Shinkansen und lesen diesen Reiseführer als „ease in" in die größte Metropole der Welt, bevor Sie sich in den Schnellzug setzen und den Rest Japans erkunden. Oft lassen Firmenurlaub und Urlaubskasse eine solch beneidenswerte Reiseplanung nicht zu und mit Müh und Not schafft man es, eine oder zwei Wochen in der Nebensaison für einen Trip in die Hauptstadt freizunehmen.

In diesem Fall werden Sie vermutlich feststellen, dass Sie in Tokio problemlos Aktivitäten für jeden Tag finden und jeder Tag aufs Neue spannend, neu, aufregend und – und das ist nun einmal Tokio – stressig ist. Nach einer Woche haben Sie vielleicht genug davon, sich in den überfüllten Zug zu stellen, um zu einem beliebten Schrein, einem vom Reiseführer angepriesenen Kaufhaus oder einem empfohlenen Restaurant am anderen Ende der Stadt zu fahren.

Spätestens, wenn Sie merken, dass Sie der Großstadthektik überdrüssig werden und sich Monotonie einschleicht (schließlich sind Sie nach ein paar Tagen Pro im Zugfahren, Kaffeebestellen und Orientieren) ist es an der Zeit, das Umland zu erkunden. Und da bietet nicht nur der Großraum der Metropole Tokio, sondern auch die umliegenden Präfekturen Möglichkeiten für Tagesausflüge, um den Menschen einmal zu entkommen, einmal keine gläsernen Hausfassaden zu sehen, einmal wieder Waldluft schnuppern zu können. Also los: Packen Sie sich eine Flasche Wasser ein, kaufen Sie im Seven Eleven ein paar Reisbällchen und setzen Sie sich in den Zug, weg von den Wolkenkratzern und der Hektik.

1. Wandern im Tanzawa-Oyama-Nationalpark statt Mount Takao

Wer einen Wanderausflug plant und seine Basis in Tokio hat, hat eigentlich alle Möglichkeiten. Die meisten Besucher und viele, viele Japaner machen es sich einfach und fahren mit dem Zug direkt zum Berg Takao – eines der beliebtesten Wanderziele Tokios. Wer in anderen Reiseführern schon genug über den 600 m hohen Berg mit zweifellos schönen Landschaften, dafür aber wenig Idylle aufgrund tausend anderer Besucher gelesen hat und etwas anderes möchte, sollte in den Tanzawa-Oyama-Park fahren.

Ein Trip in diesen Quasi-Nationalpark wird Sie mit dem Besuch eines wundervollen Schreins, einer entweder moderaten Bergwanderung oder einer entspannten Cable-Car-Fahrt, einem Essen in einem urigen Tofurestaurant und (mit etwas Wetterglück) einem Blick auf den Fuji belohnen. Für einen Tagesausflug zum Mt. Oyama starten Sie am Bahnhof **Shinjuku** und fahren mit der Odakyu-Odawara-Linie bis „Isehara". Die Fahrt wird Sie 600 Yen (zum jetzigen Zeitpunkt) und etwa eine Stunde kosten. In Isehara angekommen, begeben Sie sich zum Nordausgang, von wo aus die Busse zum Oyama-Berg fahren. Finden Sie den Kanachu-Bus (神奈中バス), er wird Sie in etwa 30 Minuten in die Nähe des Cable-Car-Stopps bringen. Dort ausgestiegen, erwartet Sie nur noch ein kurzer Fußmarsch, vorbei an Souvenirgeschäften, die vor allem Süßwaren und Tofu anbieten. Auch die Möglichkeit für ein Mittagessen bekommen Sie hier, indem Sie sich in einem der zahlreichen Tofu-Restaurants einquartieren, die nach altem Familienrezept frischen Tofu aus dem Wasser der lokalen Bergquellen herstellen. Ein hervorragendes Essen und einen schönen japanischen Garten zum Verweilen bietet das Restaurant 和仲荘 (Wachuso). (Geöffnet 11:30–15 Uhr, einen „Kurs" mit Tofu-Spezialitäten und Yakisoba bekommen Sie hier für 1500 Yen.)

Frisch gestärkt können Sie nun mit dem Cable Car den Oyama-Berg bis zum Oyama-Afuri-Schrein hochfahren.

Scheint Ihnen der Weg zunächst umständlich, mit dem Zug, dem Bus und anschließend noch dem Cable Car zu fahren? Spätestens oben angekommen, wenn

Sie aus 1200 Meter Höhe Tokio überblicken und für einen Moment froh sind, nicht dort unten bei den Menschenmassen, den Werbereklamen, dem ständigen Rattern der Züge auf den Schienen zu sein, denken Sie nicht mehr an die Fahrt. Bei klarem Himmel ist gar der Fuji in weiter Ferne zu sehen (vielleicht haben Sie aus Blogs und anderen Reiseführern schon herausgelesen, dass die Beliebtheit von Attraktionen und Ausflugszielen in Tokio unmittelbar damit zusammenhängt, wie gut oder schlecht der Fuji von dort aus zu sehen ist).

Nehmen Sie sich Zeit, um die Umgebung zu erkunden, und genießen Sie in Ihrem eigenen Tempo das Areal. Ausgeschildert können Sie kleine Spazierstrecken durch angrenzende Waldstücke finden und am Schrein Glücksbringer für Ihre Liebsten kaufen und für deren Wohlergehen beten. Das Beten zu den Göttern unterliegt einer bestimmten Abfolge (die Glocke dreimal läuten, zweimal verbeugen, zweimal klatschen, Wunsch vortragen, wieder verbeugen).

Viele Besucher finden es aber ein wenig befremdlich, in einem fremden Land zu Göttern zu beten, die für das eigene Leben keine große Rolle spielen, und trauen sich nicht. In diesem Fall fragen Sie gern einen nahestehenden Japaner oder eine Japanerin, ob er oder sie Ihnen zeigen kann, wie man betet. Die eigene Kultur und besonders der Schintoismus haben aufgrund ihrer Einzigartigkeit einen hohen Stellenwert in der Gesellschaft und Japaner lieben es, die eigene Kultur zu erklären.

Tempel oder Schrein?

In Japan werden der Religionszugehörigkeit keine klaren Linien gezogen. Genauso identifizieren sich viele Japaner, abgesehen von der christlichen Gemeinde, nicht eindeutig mit einer Religion. Es schließt sich nicht aus, Rituale des Schintoismus und Buddhismus in gleichem Maße auszuüben, zu verwoben sind beide Religionen, um sie im Alltag trennen zu können. Für religiöse Stätten gilt: Tempel (dera) bedeutet, dass es sich um eine buddhistische Stätte handelt, während in „Schreinen" die schintoistischen „kami" verehrt werden.

---

2. Zum Fuße des Fuji und entspannen im Hottarakashi-Onsen

Viele Besucher, die sich eine Pause von der Großstadt gönnen wollen und planen, in den heißen Quellen neue Energie zu tanken, fahren nach Hakone, einer Kleinstadt, ca. eine Zugstunde westlich von Tokio.

Hakone ist gut mit dem Zug zu erreichen (wieder ab Shinjuku, wieder mit Odakyu Lines) und bietet fantastische Landschaften, heiße Thermalbäder und natürlich den ersehnten Blick auf den Fuji. Die Gegend um die Kleinstadt ist aufgrund der Nähe eines der beliebtesten Ausflugsziele für Tokioter und an Wochenenden drängen sich Tausende dorthin, um die unberührte Landschaft zu genießen (vor allem im Herbst zur Herbstfärbung ist ein Besuch lohnenswert!).

In der Konsequenz ist Hakone oft überfüllt und auch, wenn das Baden mit anderen zur japanischen Onsenkultur dazugehört – idyllisch ist es oft nicht. Sind Sie bereit, sich einen Mietwagen zu mieten oder etwas umständlichere Wege mit Bus und Bahn zurückzulegen, wird Sie ein Trip in die weiter entfernte Yamanashi-Präfektur mit einem einzigartigen Tagesausflug belohnen.

Der Ausflug führt mit dem Mietwagen in die Yamanashi-Präfektur. Hier befinden sich 5 Seen, die ihre Beliebtheit ihrer Nähe zu Japans heiligem Berg verdanken und bei gutem Wetter alle eine tolle Sicht auf den meist schneebedeckten Gipfel bieten. Suchen Sie die Ruhe und sind Sie mobil, sollten Sie zum Saiko-See fahren. Im Vergleich zu seinem beliebteren und oft überlaufenen Bruder, dem Kawaguchi-See, haben Sie hier mit Glück das Ufer für sich und können sich fotografisch austoben. Von hier aus können Sie auch die natürlichen Höhlen am Fuße des Fuji erkunden. Die Fledermaushöhle befindet sich in direkter Nähe westlich vom Saiko-See, die Drachen-, Wind- und Eishöhlen können je nach einer kurzen Fahrt (oder kleinen Wanderung) besucht werden. Für Abenteuerlustige und Fans von eher düsteren Orten ist es interessant zu wissen, dass sie an diesem Punkt mitten im Aokigahara-Wald stehen, um den sich viele Geistergeschichten ranken und der aufgrund seines dichten Blätterdachs, in das selten Tageslicht fällt, auch *aokigahara-jukai* (jukai = Baummeer) genannt wird.

Im Anschluss an die Wanderung oder Fahrt durch den dichten Wald und die Höhlen stehen Ihnen viele Möglichkeiten für weitere Aktivitäten offen, je nachdem, wie mobil Sie sind. Sind Sie mit dem Mietwagen unterwegs, können Sie weiter Richtung Kofu fahren, einer Großstadt nördlich der 5 Seen, und den Tag im Hottarakashi-Onsen ausklingen lassen und im Außenbad bei wohligen 40 Grad Wassertemperatur die ganze Stadt Kofu und den Fuji überblicken.

Das Hottarakashi-Onsen ist eine kleine Perle, die von Touristen noch weitgehend unbeachtet ist, die sich aber aufgrund des tollen Ausblicks vor allem am

Abend sehr lohnt. Hierher finden vor allem die Bewohner der Umgebung oder japanische Tagestouristen, um den Stress des Alltags oder der Reise hinter sich zu lassen. In der Folge müssen Sie sich das Wasser nicht mit hunderten anderen teilen. Das Hottarakashi-Onsen ist außerdem Tattoo-freundlich – keine Selbstverständlichkeit in Japan, wo Tattoo-Träger in den meisten Thermalbädern draußen bleiben müssen.

Onsen-Etikette:

Das schöne Panorama, das Sie im Hottarakashi-Außenbad genießen können, müssen Sie sich gut einprägen, denn Fotografieren ist im Onsen genauso untersagt wie Badehosen und Bikinis. Auch Handtücher sind im Wasser nicht gestattet. Für uns Europäer gibt es im traditionellen Onsen viel falsch zu machen, daher sei der Ablauf hier einmal erklärt:

1. Bei Betreten eines Onsen bezahlen Sie den Eintritt (persönlich oder an einem Automaten) und bekommen auf Wunsch oder gegen kleine Gebühr ein großes und ein kleines Handtuch sowie einen Schlüssel für ein Schließfach.

2. Auf dem Weg in den Badebereich trennen sich Männer und Frauen – gebadet wird stets geschlechtergetrennt. Die Bereiche sind durch blaue (Männer) und rote (Frauen) Vorhänge gekennzeichnet.

3. Sie kommen in die Umkleide, ziehen sich aus und schließen bis auf die Handtücher und eventuelle Lotionen und Shampoos alles ein.

4. In den Waschbereich dürfen Sie nur ein kleines Handtuch mitnehmen. Seien Sie aber unbesorgt – in Japan ist Nacktheit nichts Besonderes. Wenn Sie sich angestarrt fühlen, dann lediglich, weil Sie Ausländer sind, nicht aufgrund der fehlenden Kleidung.

5. Im offenen Waschbereich duschen Sie sich sehr (sehr!) gründlich. Duschgel und Shampoo steht meistens bereit. Mitgebrachtes können Sie in einem der bereitstehenden Körbe aufbewahren. Lange Haare sollten in jedem Fall hochgebunden werden.

6. Jetzt sind Sie fit für den Badebereich. Meist stehen verschiedene Becken mit unterschiedlichen Wassertemperaturen oder zugesetzten Mineralien zur Verfügung. Sie können nach Lust und Laune jedes Becken probieren und sich bei Bedarf zwischendurch kalt abduschen. Nicht jeder kann problemlos lange im 40 Grad heißen Wasser sitzen – Ihr Kreislauf sagt Ihnen, wenn Sie das Wasser verlassen sollten.

7. Reicht es Ihnen, gilt wieder: Gründlich einseifen und abduschen, bevor Sie sich wieder anziehen können.

8. Es ist Brauch, nach dem heißen Bad eine kalte Milch oder einen kalten Milchkaffee zu trinken. Im Hotta-rakashi-Onsen finden Sie dafür auch entsprechende Stände.

3. Flanieren im Hitachi Sea Side Park

Wer gern ins Grüne möchte, aber für den Wandern nichts ist, kann einen bunten Tag im Hitachi Kaihin Kouen (Hitachi Sea Side Park) verbringen. Die Anfahrt in die Präfektur Ibaraki, nördlich von Tokio, lohnt sich für allein-reisende Blumenliebhaber, Dates, Familien und alle, die gern eine entspannte Radfahrt nebst Tulpenfeldern machen möchten.

Zum Park fahren Sie innerhalb von zweieinhalb Stunden mit dem Zug (JR Joban Linie) vom Tokio Hauptbahnhof („Tokio eki") für umgerechnet 18 € (2310 Yen). Der schnellere Limited Express braucht bei doppeltem Fahrpreis nur etwa die Hälfte der Zeit. Der Park kann für schlappe 450 Yen pro Eintritt das ganze Jahr hindurch besichtigt werden. Im Internet kann man sich vorab informieren, welches saisonale Highlight in Ihrem Reisemonat ansteht. Sehr beliebt ist ein Besuch im Frühling zur Zeit der blauen Hainblumen.

Diese wachsen über ein riesiges Gelände verstreut, sodass Sie bei richtiger Position im Vordergrund die Blüten, im Hintergrund den Pazifik sehen. Im Herbst sind es vor allem die zinnoberroten Kochia-Büsche, die das Areal in ein tiefes Rot färben. Wie die meisten Attraktionen in Japan, die den oft im Büro eingezwängten Einheimischen zu etwas Naturluft verhelfen, ist auch der Hitachi Park bei schönem Wetter sehr überfüllt. Die engen Wege, die zwischen den Feldern die Hügel hinaufführen, müssen Sie sich dann mit unzähligen anderen teilen. Bei einem bewölkten Tag sind die Blumen genauso schön und Sie können den Anblick in Ruhe genießen.

Die schiere Weite der farbenfrohen Areale und macht den Park zu einem tollen Ausflugsziel, dass man am besten mit dem Fahrrad (kann man vor Ort mieten) erkundet.

Weitere Empfehlungen für unvergessliche Tagesausflüge

Eine Bergbesteigung des **Nokogiri-Bergs** in Chiba, der mit seiner steilen Felswand auch „Sägezahn-Berg" genannt wird. Tempel und Buddhastatuen säumen das Areal und der Aufstieg kann mit der Seilbahn erfolgen. Die Stadt **Kawagoe** mit ihren zierlichen Holzhäusern traditioneller Bauart, die der Stadt den Beinamen „kleines Edo" (koedo") eingebracht haben. Im Oktober findet das Stadtfestival statt (*kawagoe matsuri*), das man nicht verpassen sollte, wenn man zu dieser Zeit in Tokio ist! Die Vulkaninsel **Izu Oshima** ist ca. 100 Kilometer von Tokio entfernt und kann vom Takeshiba-Fährterminal mit der Fähre Tokai Kisen erreicht werden. Die Überfahrt ist mit 34 € (schwankend, je nach Monat und Saison) nicht gerade günstig, der Aufstieg auf den Mondlandschaft-artig anmutenden Berg Mihara und die steilen Klippen sind dafür unbezahlbar (und kostenlos).

Die kleine Küstenstadt **Kamakura** ist wie Kawagoe für ihr uriges Flair bekannt. Holzgesäumte, kleine Geschäfte führen Sie vom Bahnhof in die Stadt, an jedem Stand gibt es Softeis mit einem anderen ungewöhnlichen Geschmack oder andere lokale Spezialitäten. Die riesige Buddhastatue gehört zu den Must-Sees, Einheimische verbringen den Tag allerdings lieber am Yuigahama-Strand, den man vom Bahnhof aus leicht erlaufen kann. Vorsicht: Essen sollten Sie am Strand nicht, da drehen aggressive Falken Ihre Kreise!

7 Verständigung in Tokio

Im allerbesten Fall haben Sie vor Ihrer Japanreise ein paar nützliche japanische Phrasen gelernt. Aber seien wir ehrlich: Dass man auf Japanisch *fragen* kann, wo etwas ist, ist bewundernswert – hilft aber nicht, wenn man die Antwort nicht versteht. Oft werden Sie es also mit Englisch oder Händen und Füßen versuchen müssen. Falls Sie sich bereits ein bisschen über Japan informiert haben, haben Sie vielleicht schon erfahren, dass die Englischkenntnisse der meisten Japaner sehr limitiert sind, und viele Reiseführer halten es für nötig, Reisenden diese Informationen mit auf den Weg zu geben. Ihr Bedürfnis, mehr über die Art und Weise der Verständigung in einem Reiseland zu erfahren, wird wohl unmittelbar damit zusammenhängen, in wie vielen Ländern mit fremdem Schriftsystem und begrenzten Englischkenntnissen Sie schon waren und wie intensiv Sie sich vorbereiten möchten.

Möchten Sie vor Reiseantritt wissen, in welchem Umfang Sie sich mit der Landessprache vertraut machen sollten, um in der Millionenmetropole nicht die Orientierung zu verlieren? Möchten Sie im Voraus wissen, wie Sie es vermeiden können, Ihre englische Kaffeebestellung x-mal zu wiederholen? Dann seien Ihnen ein kurzer Überblick und einige Tipps gegeben. Im Anschluss finden Sie zudem eine Sammlung häufiger Zeichen, denen Sie auf Schildern und Türen oft begegnen werden und für die Sie sich im Vorfeld sensibilisieren können, um Fettnäpfchen oder Gefahren zu vermeiden. Diese Tipps sind sehr leicht umsetzbar und Sie können mit ihnen die Zeit im Flugzeug optimal nutzen, bevor Sie selbstbewusst aus dem Flughafen treten.

7.1 JAPANER UND ENGLISCH – ES IST KOMPLIZIERT

Japanisch ist keine einfach zu lernende Sprache und die wenigsten Touristen machen sich die Mühe, vor der Reise intensiv Japanisch zu lernen. Wie intensiv die Vorbereitung sein sollte, ist auch abhängig davon, wie sehr man in Land und Kultur eintauchen möchte. Ist es Ihr Anspruch an die Reise, mit Japanern zu sprechen, Kontakte zu knüpfen und aus erster Hand viel über Land und Leute zu erfahren, hilft es Ihnen definitiv, wenn Sie auf Japanisch einfachen Small Talk halten können. Japan war über zwei Jahrhunderte lang ein isoliertes, abgeschlossenes Land mit sehr begrenzten Handelsbeziehungen.

In der Folge schätzen die Einwohner die eigene Kultur und Sprache sehr hoch, was Ihnen mit der Demonstration einfachen Japanischs viel Sympathie bringt. Die Isoliertheit, die damit einhergehende Homogenität der Bevölkerung und die Tatsache, dass in einer fast ausschließlich japanischen Umgebung Englisch fast nie nötig ist, führt jedoch zu der oben erwähnten Warnung, dass man es auf Englisch in Japan schwer haben wird. Tokio jedoch ist eine internationale Großstadt und abgesehen von einigen abgelegen, touristisch unerschlossenen Außenbezirken, müssen Sie sich in den meisten Fällen bei der Beschilderung keine Sorgen machen. An Bahnhöfen, vor allem an den größeren, finden Sie englische Informationen sowie Transkriptionen im lateinischen Alphabet (für Stationsnamen). Gleich gilt für Schilder in Geschäften, Restaurants und Sehenswürdigkeiten. Ist es für Sie wichtig, wird die Information auch auf Englisch zu finden sein.

Bei der zwischenmenschlichen Kommunikation sieht es anders aus. Zwar ist man in Tokio an Touristen aus aller Welt gewöhnt, aber dass sogar Universitätsstudenten plötzlich die Stimme versagt, wenn sie auf Englisch etwas gefragt werden, ist nicht ungewöhnlich. Zu groß sind oft die Sprechhemmungen und vor lauter Angst, Fehler zu machen, wird lieber gar nichts gesagt. Die Gründe liegen in seltener Anwendung (nur wenige Japaner kommen in regelmäßigen Kontakt mit Touristen) und dem auf Übersetzung und Grammatikwissen ausgelegten Sprachunterricht.

Anwendung und Fehlerakzeptanz, die Basis unserer modernen Fremdsprachenpädagogik, sind in im asiatischen Raum nicht sehr verbreitet. Hier ist Ihre Flexibilität gefragt. Mit anderen Worten: Sprechen Sie perfektes und akzentfreies Englisch? Das ist toll! Vergessen Sie es, wenn Sie nach Japan fahren. Passen Sie sich und Ihr Englisch ein wenig an und machen Sie es Ihren Mitmenschen, Ihren Kellnern, den Bahnbeamten – jedem, mit dem Sie sprechen dürfen oder müssen, ein wenig einfacher. Brechen Sie Ihre Sprache ein wenig herunter, auch wenn es zunächst ungewohnt ist.

7.2 TIPP 1: AUSSPRACHE ANPASSEN

Die japanische Aussprache hat die Eigenart, dass auf jeden Konsonanten ein Vokal folgt. Der Name des Stadtteils „Harajuku" verdeutlicht das ganz gut. HA – RA – JU – KU. Ausnahmen gibt es nur beim Hören, wenn schnell gesprochen und Vokale verschluckt werden. Prinzipiell macht das das Lernen der Aussprache für Japanisch-Lerner recht leicht.

Umso schwieriger ist für Japaner jedoch die englische und deutsche Aussprache, bei denen Konsonanten aufeinanderfolgen, ungewohnte Buchstabenverschmelzungen stattfinden und das Ganze noch in einer Silbe ausgesprochen werden soll. Und so würde ein Wort wie „kämpfst" für Japaner zu einem echten Graus. Versucht ein Japaner, mit dem oben erwähnten

Silbensystem im Kopf, solche mehrkonsonantischen Wörter auszusprechen, ist es, als versuche man, ein Viereck durch eine kreisförmige Öffnung zu quetschen – es ist sperrig, es hakt, es geht nicht. Japaner wissen sich jedoch zu behelfen, indem nach jedem Konsonanten ein Vokal eingeschoben wird, die Aussprache einfach eingejapanischt wird. Aus „kämpfst" würde man „kemfusutu" machen, „McDonalds" sprechen Japaner „makudonarudo" aus.

Warum sollte das nützliches Wissen für Ihre Japanreise sein? Dazu ein einfaches Beispiel: Sind Sie bei Starbucks und wollen eine Zimtschnecke und einen Milchtee bestellen, indem Sie im besten amerikanischen Akzent eine „Cinnamon Roll" ordern, ist es sehr wahrscheinlich, dass Sie dies zwei- bis dreimal wiederholen müssen. Sie erleichtern Ihrem Gegenüber die Bestellung, indem Sie sich vor Reiseantritt kurz mit japanischer Phonetik und Silbenabfolge vertraut gemacht haben und freundlich eine *shinamon rooru* und einen *miruku tii* bestellen. Die japanische Aussprache englischer Wörter (das sogenannte „Engrisch") geht bei Ihrem Gegenüber schneller ins Ohr, erleichtert ihm oder ihr die Arbeit und beschenkt Sie mit einem erleichterten Lächeln.

7.3 TIPP 2: KATAKANA LERNEN

Japanisch gilt für uns aus dem europäischen Raum als eine der schwierigsten Sprachen der Welt und es nimmt viel Zeit in Anspruch, eine Konversationssicherheit und ausreichende Lesefähigkeit zu erreichen. Wie oben beschrieben stellt die Aussprache für uns keine Schwierigkeit dar. Konsonant, Vokal, Konsonant, Vokal ... die Tücken liegen in allen anderen Bereichen. Das grammatische System ist ein anderes als das der deutschen Sprache, es gibt viele Höflichkeitsstufen und natürlich: das Schriftsystem.

Japaner nutzen im Alltag vier Schriftsysteme.

• **Romaji:** Unsere lateinischen Buchstaben für Transkriptionen und oft für Werbung

• **Kanji:** Komplexe Zeichen, die eine Wortbedeutung innehaben. Es gibt tausende von ihnen, im Alltag werden aber nur etwa 3000 genutzt.

• **Hiragana:** Eine Silbenschrift, mit der das oben beschriebene Silbensystem geschrieben werden kann. Die Lesung aller Kanji kann auch in Hiragana wiedergegeben werden, Hiragana werden jedoch vorrangig zusammen mit den Kanji benutzt und haben eine grammatikalische Funktion (zeigen also nach dem

Wort in Kanji an, ob es sich beispielsweise um Gegenwart oder Vergangenheit handelt)

• **Katakana:** Ist ebenfalls eine Silbenschrift mit etwas kantiger wirkenden Zeichen. Es deckt die gleichen Silben ab wie das Hiragana-Alphabet, wird aber vorrangig für Lehnwörter benutzt oder um etwas besonders hervorzuheben. Vor allem Werbeschilder, Hinweisschilder und Menükarten sind gespickt mit dieser Schrift. Kann man sie lesen, kann man häufig auf das verwandte englische Wort schließen und auch ursprünglich japanische Wörter werden für Werbe- und Aufmerksamkeitszwecke oft in Katakana geschrieben. Schauen Sie sich ein bisschen im Stadtzentrum um, begegnen Ihnen beispielsweise folgende Wörter immer wieder:

ホテル – Ho. Te. Ru.;   カラオケ – Ka. Ra. O. Ke.; ラーメン Ra. Me. N

Mit drei Wörtern und lediglich fünfzig Zeichen, die Sie dafür lernen mussten, hätten Sie damit im Notfall schon Unterkunft, Freizeitaktivität und Verpflegung abgedeckt. Es macht also für Touristen, die nur kurz im Land sind, erheblich mehr Sinn, auf dem Hinflug noch schnell die Katakana zu lernen, um sich zu orientieren. In den meisten Fällen werden Sie daher die komplizierten Kanji nicht brauchen. Dennoch können sich hinter letzteren auch für Sie wichtige Warnhinweise oder nützliche Informationen verstecken.

Wussten Sie, dass, rein grammatisch betrachtet, Japanisch mehr mit dem Finnischen und Türkischen gemeinsam hat und rein gar nichts mit dem Chinesischen, welches hingegen dem Englischen näher ist?

Schilder, die Ihnen oft begegnen und die Sie nicht ignorieren sollten, finden Sie im nächsten Tipp:

7.4 TIPP 3: WICHTIGE SCHILDER VORAB LERNEN

Zugegeben, Tipp 3 ist zweifellos am schwierigsten umzusetzen. Nicht jeder hat ein fotografisches Gedächtnis und kann sich die komplizierten Strichfolgen ohne Kontext merken. Einige wenige Schilder, denen Sie in Tokio oft begegnen und die Sie sich während des langen Flugs einprägen oder auf einem Spickzettel bei sich tragen können, finden Sie hier:

注意！	Sehen Sie *chuui!* irgendwo, bedeutet das für Sie, dass Sie irgendeine Art von Achtung walten lassen sollen. In Japan wird einem überall gesagt, dass man vorsichtig sein soll. An Rolltreppen („Achtung, halten Sie sich fest"), bei tiefen Decken, an den Zugtüren und Unendliches mehr. Ist der Kontext für Sie nicht sofort ersichtlich, nehmen Sie es einfach so, wie es ist, und achten Sie ein wenig auf Ihre Umgebung und eventuell lauernde Gefahren.
危険！	*kiken* (manchmal auch in Katakana: キケン！) bedeutet „Gefahr". Schilder mit diesen, oft in Signalfarbe gedruckten Zeichen sollten nicht ohne Weiteres ignoriert werden. Oft handelt es sich um Warnhinweise auf Baustellen (unsicherer Grund) und Wanderwegen (Tiere, herabfallende Steine ...).

立入禁止！	*tachiirikinshi* bedeutet „Betreten verboten". Wenn nicht bereits durch Absperrband deutlich gemacht, ist spätestens dieses Schild der Hinweis, dass es ab dort nicht weitergeht.
止まれ!	„Stopp". Das Schild lässt keinen Spielraum für Interpretationen.
女/男	Links: Frau Rechts: Mann Auf Toilettentüren oder im Thermalbad finden sich oft die Zeichen für Frau und Mann. Diese zu kennen, kann vor Fettnäpfchen schützen.

洋式	Westliche Toilette. Hinter dieser Tür verbergen sich die berüchtigten Hightech-Toiletten mit allen Annehmlichkeiten inklusive Wasserplätscherknopf.
和式	„Japanische Toilette". Hinter dieser Tür können Sie mit der traditionellen Hock-Toilette rechnen (Oberschenkeltraining!). Japaner, die selbst die westliche Variante bevorzugen, werden Sie mit Freude in der Schlange vorlassen, wodurch Sie unter Umständen viel Zeit sparen können.
税抜	„Steuer exklusive" Beim Einkaufen in Japan muss man sich daran gewöhnen, dass die Mehrwertsteuer von 10 % (Lebensmittel 8 %) im Preis meistens nicht enthalten ist. Auf dem Preisschild finden sich entweder zwei Preise (ohne und mit Steuer) oder die Information

	wie links, ob die 10 % bereits ent-halten sind oder nicht.
税込	„Steuer inklusive". Hier ist der ausgewiesene Preis deckungs-gleich mit dem Endpreis an der Kasse.
薬	*kusuri* (manchmal auch in Katakana: クスリ oder Hiragana: くすり) bedeutet „Medizin". Sind Sie in der Stadt unterwegs und brauchen eine Apotheke, halten Sie Ausschau nach Geschäften mit diesem Zeichen.

8 Tipps für den kleinen Geldbeutel

Japan ist ein teures Land und Tokio eine teure Stadt. Essen gehen, Bahnfahren und Freizeitaktivitäten werden Sie dort mehr kosten als in anderen asiatischen Ländern und ein entsprechendes Budget sollte man einplanen. Dass die Lebenskosten in Tokio recht hoch sind, bedeutet aber nicht, dass sich nur gut Betuchte einen Trip dorthin leisten können. Auch mit wenig Geld kann man in Tokio viel erleben, ohne auf viel verzichten zu müssen. Es gilt aber: Alles, was praktisch und bequem ist, ist auch teurer. Hat man Zeit und die Geduld, zum Einkaufen zehn Minuten länger zu laufen oder sich im Internet über Sonderangebote (vor allem für Zugtickets) zu informieren, kann man bares Geld sparen. Tokio wird trotz aller Maßnahmen einer Ihrer teureren Urlaube werden, an den Sie dafür aber noch lange zurückdenken.

Vorher überlegen, ob sich der Rail Pass lohnt

Der Japan Rail Pass ist ein Sonderfahrschein, der ausschließlich ausländischen Besuchern des Landes vorbehalten ist. Die Preise staffeln sich je nach Gültigkeitsdauer (7, 14 und 21 Tage) und Sitzklasse von 270 bis 734 €. Viele Besucher kaufen sich den praktischen Rail Pass, weil Sie a) auf diese Weise das nervige Aufladen der Prepaid-Bahnkarte umgehen können und b) sie mit dem Pass auf fast allen Strecken mit dem schnellen Shinkansen durch ganz Japan fahren können. Der Pass muss allerdings in Deutschland organisiert und in Japan abgeholt werden.

Dort geben Sie auch das Datum an, an dem der Pass gelten soll (je nach der Gültigkeitsdauer, für die Sie gezahlt haben). Für die, die bei ihrer Ankunft in Tokio schon genau wissen, dass sie in Japan reisen wollen, ist das praktisch. Für Unentschlossene, die nach ein paar Tagen in Tokio feststellen, dass Sie gern in der

Umgebung bleiben würden, lohnt es nicht, da Sie dann mit den regionalen Zügen günstiger fahren.

Fernbusse statt Shinkansen nutzen

Der Shinkansen bringt Sie zwar innerhalb weniger Stunden in fast jede größere Stadt Japans, er ist aber auch teuer, wenn Sie keinen Rail Pass haben. Mit dem Fernbus sind Sie länger und unter Umständen unkomfortabler unterwegs, Busfahren ist dafür aber bezahlbar, zuverlässig und sicher. Eine gute Fernbusfirma und die mit dem größten Netz ist Willer Express, deren Busse Sie beispielsweise von Tokio nach Osaka für umgerechnet 22 € bringen. Mit dem Nachtbus können Sie sogar Übernachtungskosten sparen.

Nicht im Konbini einkaufen

Die berühmten Convenience Stores (jap.: *konbini*) wie Seven Eleven, Family Mart oder Lawson sind überaus praktisch, leider aber auch preisintensiv. Auch kleinere Supermärkte sind oft wesentlich teurer als in Deutschland (Sie werden staunen über die Obstpreise). Besucher in Ferienwohnungen, die selbst kochen möchten, sollten checken, ob es in der Umgebung einen Ok Mart gibt. Das ist ein großer Supermarkt mit moderaten Preisen und vielen Filialen.

Kombitickets nutzen

Für fast alle Ausflugsziele außerhalb Tokios gibt es irgendeine Art von Spar-Pass, die auf den Webseiten der Odakyu Railways oder Keio zu finden sind und die sich lohnen, wenn man alle der dort möglichen Aktivitäten nutzt.

Mit dem Bus zum Flughafen fahren.

Internationale Gäste kommen meistens am Flughafen Narita an. Dieser liegt in Tokios Nachbarpräfektur Chiba, nicht in Tokio direkt. Die meisten Besucher nutzen für den längeren Weg den Narita Express, der mit stolzen 30 € zwanzig Minuten kürzer fährt als die lokale Linie, bei der Sie sich jedoch nach einem langen Flug erst mit dem Zugsystem vertraut machen müssten. Günstiger und einfacher geht es mit dem Keisei-Bus, wenn Sie es nicht eilig haben. In 90 Minuten bringt er Sie für 1000 Yen (8 €) zum Tokio-Hauptbahnhof.

In die Gaminghall (z. B. Taito Station) statt in den Vergnügungspark

Bei wem die Urlaubskasse für Disneyland oder Disney-Sea nicht reicht, der sollte nicht traurig sein. Ein Abend mit Freunden in einer der beliebten Spielhallen, in denen man unzählige Computerspiele ausprobieren kann, macht genauso viel Spaß. Eine Runde an jedem Automaten kostet 100 Yen. Zusätzlich kann man dort an den Purikura-Automaten Fotosticker machen und nach Lust und Laune dekorieren.

Second-Hand-Shopping

Das Gebrauchtwarengeschäft Book Off hat viele Filialen in ganz Tokio. Hier können Sie Bücher, Medien, Videospiele und Kleidung für wenig(er) Geld kaufen oder Mitgebrachtes und nicht mehr Gebrauchtes verkaufen.

Gute Qualität für wenig Geld im *hyakuen*-Shop kaufen

Während hierzulande die 1-Euro-Läden für Ware mäßiger Qualität und „Nippes" bekannt sind, kann man im japanischen Pendant fast alles, von Küchenutensilien über Snacks bis hin zu Souvenirs und schönen Schreibwaren, in guter Qualität kaufen. Wenn Sie beim Packen irgendetwas Essenzielles vergessen haben, sollten Sie zuerst bei Daiso oder Can Do schauen. Achtung: Alles kostet 100 Yen (außer, wenn anders ausgewiesen), aber exklusive der Steuer. An der Kasse kommen also die mittlerweile 10 % Mehrwertsteuersteuer (also insgesamt 110 Yen pro Item) auf Sie zu.

Tokio von oben für Lau

Skytree und Tokio Tower bieten tolle Blicke auf die Stadt aus luftigen Höhen – günstig sind die beiden Attraktionen aber nicht. Während man sich das Besucherdeck des Tokio Towers mit seinen 900 Yen (7 €) noch leisten kann, reißt der höhere Skytree mit 3100 Yen (25 €) unter Umständen ein großes Loch in die Urlaubskasse. Das Tokio Metropolitan Government Building im Stadtteil Shinjuku bietet hingegen eine kostenlose Besucherplattform im 45. Stock. Einfach anstellen und sich von den Angestellten im Fahrstuhl hochfahren lassen und den Ausblick für Lau genießen!

9 Es kann losgehen!

Ob großes oder kleines Budget, ob jung oder alt, ob viel gereist oder gerade erst flügge geworden: Tokio bietet wirklich für jeden etwas. Eine ruhige Stadt ist es allerdings nicht und man muss sich daran gewöhnen, dass man jeden Ort, jeden Moment, jeden schönen Anblick mit anderen teilen muss. Reisende sollten sich deshalb trauen, das innere Stadtgebiet gelegentlich zu verlassen und die umliegenden Präfekturen zu erkunden. Das ausgeklügelte Bahnsystem macht es möglich, innerhalb weniger Stunden in die Berge oder ans Meer zu kommen. Wer nur in der Metropole bleiben will, dem bieten sich nahezu unendliche Möglichkeiten des Sightseeings und Zeitvertreibs. Auf Seiten wie www.meetup.com können sich Alleinreisende oder kommunikative Gruppen Gleichgesinnte suchen, um sich gemeinsam im Gewusel zu verlieren. Bei Google Maps kann man sich Offline-Karten von Tokio herunterladen und sich an fast jedem öffentlichen Platz mit dem WLAN verbinden, was den Kauf einer SIM-Karte beinahe überflüssig macht. Hat man sich doch mal verlaufen und weiß nicht weiter, hilft es zu wissen, dass Tokio eine sehr sichere Stadt ist, in der man sich auch nachts allein bedenkenlos bewegen kann. Die einzigen Leute, denen Sie um diese Zeit begegnen werden, sind müde Angestellte, die nach einem langen Arbeitstag nach dem obligatorischen Firmenumtrunk im Izakaya mit dem letzten Zug auf ratternden Gleisen den Heimweg antreten.

Herstellung und Verlag:
BoD – Books on Demand, Norderstedt
ISBN: 9783755799474

© Paulina Fenders 2022
1. Auflage
Kontakt: Psiana eCom UG/ Berumer Str. 44/ 26844 Jemgum
Covergestaltung: Fenna Larsson
Coverfoto: depositphotos.com